거저 피는 꽃은 없다

거저 피는 꽃은 없다

진영학 시집

초승달 글방

序文

일상생활에서 꽃은 사랑을 갈구하는 사람에게 소중한 도구이고 사랑받는 이에게는 기쁨을 주는 선물이라서 이 세상에 꽃을 싫어하는 사람은 알레르기가 있는 사람을 제외하고는 누구나 좋아한다

평생을 꽃과 함께 살아오면서 꽃말을 터득하고 꽃 이름을 가지고 글을 써내려 한권의 시집으로 편집해 보았다

시집 "거저 피는 꽃은 없다"에서 느끼듯이 꽃도 우리의 삶도 거저 피어나 살아가는 삶은 없는 것처럼 고통과 인내 그리움과 사랑 속에서 기쁨과 행복을 찾아가는 것이 아닌가 생각한다

2024년 연말에 또한 권의 시집을 상재하여 열 번째 시집을 독자들께 내놓는다

2024년 12월
서정동 점촌 초승달 글방에서
저자 진영학

제1부 거저 피는 꽃은 없다

序文_5

거저 피는 꽃은 없다_13
고드름_14
국화꽃이 필 때면_15
기원_16
꽃 나들이_17
꽃밭 1_18
꽃밭 2_19
꽃밭 3_20
꽃꽂이 1_21
꽃꽂이 2_22
꽃밭에서_23
꽃샘추위_25
꽃이 아름다운 것은_26
꽃차_27
나는 오늘도 살아 있다_28
나의 집 꽃밭_29
노란 국화 꽃_30
눈치 살피며_31
눈팅_32
님을 생각하며_33
들꽃 1_34
들꽃 2_35
라일락 꽃 필 때_36
루시아 정원_37
마음을 열고 싶다면_38

제2부 행복한 꽃은 웃는다

밀원식물_41
보존화 1_42
보존화 2_43
봄나들이_44
분재 소재_45
산수유 물드는 길_46
살구꽃 필 때_47
생각하기 나름_48
선물_49
설화_50
수국꽃씨 받으며_51
식물원에는_52
씨앗_53
애국의 길_54
약속_55

유채 재배하며_56
일거양득 아이디어_57
일년생 초화_58
정_60
짝사랑_61
철없는 비_62
튤립 종구 심으며_63
푸른 시절_65
행복 꽃밭_66
행복한 꽃은 웃는다_67
활짝 핀 꽃_68

제3부 여러해살이 꽃

개불알꽃__71
국화__72
다육이__73
달맞이꽃 1__74
달맞이꽃 2__75
대국__76
돌단풍__77
동강할미꽃__78
민들레__79
분재국__80
분꽃 1__81
분꽃 2__82
분홍 나비 바늘꽃__83
복수초 1__84
복수초 2__85

상사화 1__86
상사화 2__87
상사화 3__88
상사화 4__89
상사화 5__90
수국 1__91
양귀비 꽃__92
은방울꽃__93
제비꽃__94
튤립 1__95
튤립 2__96
튤립 3__97
하늘나리__98
호접난__99
후리지아__100

제4부 한해살이 꽃과 관상 화목류

나팔꽃 _ 103
메밀꽃 _ 104
봉선화 _ 106
봉숭아 꽃 _ 107
유채꽃 _ 108
채송화 1 _ 109
채송화 2 _ 110
해바라기 _ 112
개나리 _ 113
나라꽃 무궁화 _ 114
넝쿨 장미 1 _ 115
넝쿨 장미 2 _ 116
넝쿨 장미 3 _ 117
동백꽃 _ 118
동백꽃 화분 _ 119
라일락 _ 120

매화 1 _ 121
매화 2 _ 122
매화 3 _ 123
모란 _ 124
목련꽃 _ 125
무화과 _ 126
벚꽃 _ 127
설중매 _ 128
수국 2 _ 129
자목련 1 _ 130
자목련 2 _ 131
장미꽃 _ 132
조팝나무 _ 134
진달래꽃 필 때면 _ 135
춘 매화 _ 136
해당화 _ 137
히비스커스 _ 139

제1부

거저 피는 꽃은 없다

거저 피는 꽃은 없다

이 땅에 뿌리내린 연이
꽃피우려면 하늘이 청명해야 한다

맑은 하늘에 태양이 밝게 비춰야 하고
먹구름이 다가오면
화려하게 피었던 꽃잎 조심스럽게 오므린다

이 세상에 뿌리내린 꽃이
자연의 조화를 읽고 꽃이 피어나는 것처럼
우리의 삶도 맑은 마음으로 가꿔야 한다

가슴속에 이웃을 존중하고 배려하는
사랑의 마음이 가득해야 한다

사람과 사람 사이에 믿음 주고 신뢰할 때
비로소 우리가 사는 이 사회에 꽃이 핀다

모두의 목소리가 어우러진
민주주의 꽃이 활짝 핀다

고드름

흰 눈이 소복 쌓였습니다
동백 꽃 품에 안고
가슴속 온기 전하는군요

녹아내리는 마음
아쉬움이 눈물로 흐르고
그대 손 꼭 잡고 있네요

국화꽃이 필 때면

국화꽃이 필 때면 가을이 깊어간다
가을이 익어 가면 태양의 여운이 사라져가고
계절의 숨결이 느껴진다
국화는 꽃을 피우고 새 생명을 품는다

생명을 잉태한다는 것은 기쁜 일이다
삼라만상의 미물도 후대를 낳고
만물의 영장도 유전자를 검색한다

인간을 창조하신 하느님이
믿음 깊은 인간에 자유라는 선물 주었고
열 달간 전세 준 어머니가
손발가락 닮은 사랑의 결실 낳아 이어왔다

국화꽃이 필 때면 사랑을 찾고 싶다
님 만나 서로의 온기 나누며
행복한 나락에 빠져보고 싶은 계절이다

기원

꽃밭에
새싹이 올라옵니다

지난 가을 낙엽 진 풀잎
정리된 꽃밭을 바라보니
님 모습이 떠올랐습니다

튤립과 매발톱꽃 피어날 때면
사진 속 그대와 함께하자던 약속

호수로 물을 뿌리며
그날이 빨리 오길 기원했지요

꽃 나들이

너른 들녘에 심어진 튤립
아름답게 피어나면
기나긴 겨울 움츠렸던 가슴
봄의 향연에 물들어 가네

예쁘다
아름답다 속삭이며
서로의 마음에 추억을 엮는데

내 마음은
선진시민 공존의식 살펴봅니다

꽃밭 1

꽃밭에
꽃을 심다가
어떤 생각 했는지 알아

이 꽃이
그대였다면
내 마음에 심었을 텐데

꽃밭 2

텅 빈 가슴 채워주는 꽃
보살피며 나누는 대화

예쁘다
아름답다
사랑스럽다

날마다
밤마다
이야기 꺼내주는
인생길 행복 꽃밭

꽃밭 3

내 가슴에
꽃이 활짝 피거든
그저 눈으로만 느껴주세요

뒤늦게 찾아온 나들이객
그 꽃을 가슴에 깊이 담게

꽃꽂이 1

봄 이야기가 꽃향기 품고
슬며시 다가왔습니다

겨울 속 북유럽 풍
훈훈한 파라다이스

살아있어 느끼는 기쁨
행복 덧씌웠습니다

꽃꽂이 2

장미꽃이
유리병 기대어
멋을 뽐냅니다

참 예쁘다
가슴으로 전해오는
아름다움

님도
꽃을 보는 마음
나와 같을까

꽃꽂이 1

봄 이야기가 꽃향기 품고
슬며시 다가왔습니다

겨울 속 북유럽 풍
훈훈한 파라다이스

살아있어 느끼는 기쁨
행복 덧씌웠습니다

꽃꽂이 2

장미꽃이
유리병 기대어
멋을 뽐냅니다

참 예쁘다
가슴으로 전해오는
아름다움

님도
꽃을 보는 마음
나와 같을까

꽃밭에서

꽃이 피었다
가슴으로 간직한 꽃이 피었다
어느새 다가와
어떻게 피었는지 모르게
내 마음속에 꽃이 피었다

오늘도 꽃밭에서 꽃을 가꾼다
붉은 열정
보랏빛 그리움
노란 희망
그리고 순백의 순수함
수수한 꽃들을 어루만지며
세상 속으로 사라져간 그대를 생각한다

낯선 하늘 아래
어느 길목을 거닐고 있을지
알 수는 없지만
세상의 한 모퉁이에서
아름다운 꽃으로 피어나
그 빛을 발하고 있겠지

꽃밭에 꽃들이 피고 지면
세월은 덧없이 흘러가고
정으로 가득한 우리 마음속에
첫눈이 소복이 쌓일 때
예쁜 꽃들을 앉혀놓고
꽃밭에서 꽃을 키우겠지
지난날들을 회상하며

꽃샘추위

매화나무 가지 끝에
차가운 겨울이 매달려
조용히 녹아내리듯

내 마음의 끝자락에
매달린 그대 그리움
애간장 녹여주겠지

꽃이 아름다운 것은

꽃이 아름다운 것은
향기로 네 가슴 흔들어서이다

꽃이 예쁜 것은
꽃잎이 아름답게 무지갯빛 피어서이다

꽃밭에 가서 꽃을 보라
볼품없이 피어난 꽃이 있던가

저마다 삶에 어울리게
꽃을 피워내며 스치는 바람도 맞이한다

사람들에 기쁨과 행복 주며
피어난 자리에서 자신의 생을 다한다

꽃은 지며 가슴에 씨앗을 남기고
미래 꿈꾸는 아름다움 잊지 않는다

꽃차

한 떨기 꽃잎이야
지고나면 그만이지만

찻잔에 눌러앉아
그윽한 향 토해내니
가슴을 나눌 수밖에

나는 오늘도 살아 있다

야생화 꽃은 풀밭에서 피고 지고
세월은 고삐 풀린 망아지처럼
들녘을 달음질치는데
내 가슴에 다가온 이름 모를 풀꽃
너도 식물도감엔 올라있겠지
알아보지 못해 미안하다
이곳을 걸어간 햇살이
가져간 것은 기억만이 아니다
내가 사랑하던 님
싱그러웠던 청춘
되돌릴 수 없는 나의 인생사
그 시절이 그리운 것은
지금도 내가
살아 있다는 반증

나의 집 꽃밭

눈이 내렸습니다
나의 집 꽃밭 19봉에도
눈꽃이 피었습니다

카메라 들고
눈꽃 세상 살피는데
사철나무 젊어진 몸으로
추위 이겨내고
나신의 은행나무
꽁꽁 얼어 숨죽이네요

가까이 다가가
귀 기울여 물어보니
천년의 삶 살아야 하기에
서둘지 않기로 했다는군요

노란 국화꽃

초록빛 무대에서
노란 꽃이 합창한다

가을이 품은 그윽한 향기
아름답게 수놓은 가을이라서

울긋불긋 단풍 든 길
함께 나누는 가을이라서

활짝 핀 가을꽃이
내 가슴 노랗게 물들인다

눈치 살피며

꽃을 살펴보다가
눈을 감았습니다

꽃이 아름다워
그대 향한 마음이
흐려질까 두려워서

눈팅

꽃이 활짝 피거들랑
눈으로만 바라보세요

하늘 향해
하늘거리며 피어오른
싱그러운 한 송이 꽃

손때 묻지 않아서
풋풋한 젊음으로 가득 찬
이 세계 아름답지 아니한가

님을 생각하며

꽃화병 준비했다
포장지마저 예쁘게 보이는 마음
풀어헤쳐 정성의 마음 꽂는다

당신이 전해준 꽃다발
나를 생각하며 꽂았을 텐데
그 마음이 시든다는 것은 슬픈 일이다

마음을 전할 수 있는 자리
눈이 가는 자리에 올려놓는다

꽃병을 바라보며
매일 당신의 가슴에 안기는 꿈 꾼다

들꽃 1

밟지 마라
밟지 마라
네 발아래 숨 쉬는 생명들

꺽지 마라
꺽지 마라
네 발 밑에 피어난 꽃들

밟지 마라
꺽지 마라
네 발아래 숨겨진 잡초의 꿈
네 발 밑에서 피어나는 작은 행복

밟지 마라
꺽지 마라
네가 살피지 못한 행복한 삶

들꽃 2

어젯밤 하늘의
보석을 따다가
너른 들녘
구석구석 심고
아침 이슬 한 모금
맑은 햇살 한 촉
가슴에 새기며
이 세상 지탱한다

라일락 꽃 필 때

연보랏빛 가슴에
감춰진 그리움

누구를 기다리며
서성이는 삶인가

살랑대는 꽃향기에
녹아드는 여린 마음

그리웠노라 속삭이듯
살며시 다가오는 봄바람

루시아 정원

국제대교 건너 터널 지나면
사거리 우측에 꿈이 흐르는 곳

정원에 들어서면
수국이 얼굴을 들어 인사하고
뒤늦게 경호견 꼬리 치켜세운다

개 짖는 소리에 낮잠 깨어났나
동그랗게 뜬 눈 나를 바라보며
세월이 쌓인 시력 가려진 인지

한때는 호수 건너 잘 보였다는데
가까이 서있는 모습 못 알아보니
지나간 세월에 너무 익었나 보다

마음을 열고 싶다면

꽃을 좋아하는 이는
거실 화병에 꽃을 꽂고
꽃을 아끼는 이는
울안에 화단 만들어 꽃을 가꾼다

꽃의 의미를 모르는 자는
마음을 얻기 위해 험난한 길 걷고
꽃의 아름다움을 아는 자는
그 향기로 사랑받는 법을 안다

인생의 길을 걷는 중에
좋아하는 이가 있다면
마음을 전하고 싶다면
아름다운 꽃 한 송이를 준비하라

꽃을 받은 얼굴 찡그리는 이 없고
꽃을 받고 화내는 이 없으며
꽃을 받아든 가슴은 감동에 젖어
사랑의 손을 맞잡고 함께 걷는다

제2부

행복한 꽃은 웃는다

밀원식물

너의 사타구니는 달콤하지 않았다
꿀이 흘러내린 데서 담으러 갔으나
너의 가슴에선 샘솟지 않고
달콤하지 않은 향기만 코끝 스쳤다
희망의 유전자 툭하고 떨어질 때
나는 이 땅에 심긴 꿀통 발기시켰다

보존화 1

세상에 핀 꽃은
너무도 빨리 시들었습니다

사랑하기도 전에 고개 숙이고
아름다움 느끼기 전 향기 잃었습니다

도시로 떠난 꽃은
오래갈 수 있는 길을 찾았습니다
시들지 않는 꽃이 되기를

그 꽃으로 남아
아름다움 오래 간직하고 기쁨 주며
그대가 추구하는 행복

제멋에 겨운 변신의 삶을 이어주며
영원을 꿈꾸면서 살아갑니다

보존화 2

사랑하는 당신을 위해
꽃을 준비했습니다

영원히 피어있는
시들지 않는 꽃

꽃을 바라볼 때마다
당신의 가슴에
오래도록 머물고 싶은데

내 마음은
아직도
시들지 않았습니다

봄나들이

서해대교 주탑 끝에
봄이 걸리면
님 찾아 떠나렵니다

때늦은 추위가
길을 막아도
그리움이 날 부르면
어서 떠나야 하지요

따스한 남쪽나라의 봄
활짝 핀 가슴으로
날 반기지 않겠어요

바리바리 담아주는
매화꽃 향기
내 집 울안
가득 채워주렵니다

분재 소재

소나무가
내 마음에
뿌리를 내렸습니다

한 줌의 흙도 없이
오랜 세월
가슴을 움켜잡고 사네요

돌 틈에서
옮겨오고 싶은데
어찌할까요

산수유 물드는 길

봄이 찾아오는 날
함께 걷던 그 길
그리움에 발걸음 옮긴다

내 가슴을 채우던
길가의 노란 산수유
따뜻한 봄 안겨주고
멀리 떠난 그대의 마음을
아직도 그리워한다

그 마음 알 길 없는
산수유 물드는 길에서
지난날 추억 되새긴다

살구 꽃 필 때

바람이 찾아드는
뒤뜰 살구나무

햇살과 졸고 있는
봄 가슴 처녀

보고파 그리워서
님 생각에 지새웠나

별 보며 그린 마음
가지마다 꿈 심는다

생각하기 나름

양귀비꽃은
한 송이만 있어도
예뻐 보이지만

유채꽃은
들녘을 채워야
아름답게 보인다

우리네 삶도
때와 장소에 따라
사람이 달라 보인다

선물

아름다운 꽃
한 아름 받았습니다

꽃송이마다
님의 마음 담겨 있군요

꽃향기 보내는 것 보니
가슴이 불타겠구나

설화

님 떠나보낸 가지에
꽃이 피었습니다

태양이 떠오르면
사라져갈 찬란함

영원히 간직하고 싶어
추억을 담았습니다

수국꽃씨 받으며

아름다움 보여준 꽃이
남몰래 그리움을 만났는지
내일의 꿈 준비합니다

5년 전 사다 심었던 묘목
빗줄기가 적셔주는 듯한 정성에
나무처럼 커가는 꽃대

보석 같은 까만 씨앗이
화단을 채울 유전인자로
불가사리 닮아가는 몸

꽃이 피고 진 지난여름
꽃잔치가 너무도 짧았던가
꽃대가 힘에 겨워하는구나

식물원에는

식물원에는
추운 겨울이 없고
따스한 계절만 있습니다

아열대 지방이며
열대지방이 고향인 식물들이
눈 구경하며 살지요

틈틈이 자리 잡은
온대지방 꽃나무들
계절을 잃고 꽃피웁니다

씨앗

성장기 꽃이
부푼 가슴 가릴 수 없어
끈을 풀었다.

사랑을 알기도 전에
열어젖힌 꽃잎 속 꿀단지
조금씩 나눠가란다

빚지고 산다는 것이
자존심을 허락하지 않았는지
점하나 점지하고 떠났구나

또다시 꽃을 피운다면
갸륵한 너의 정신
잊지 않고 기억해야겠다

애국의 길

어린 시절
푸른 하늘 아래
씩씩하게 부르던 노래

무궁화
무궁화
우리나라꽃
삼천리 강산에
우리나라꽃

온 세상
무궁화동산 세울
히비스커스
무궁화 치유 나라
평화와 사랑이 흐르길 빈다

약속

아파트 배란다 허전하거든
나를 불러주오

유리 수반에 연꽃 심어
그 아름다움 피워 내리다

꽃이 피거들랑
예쁜 사진 간직해 주오

우리의 추억
언제까지나 기억하리다

유채 재배하며

노오란 봄 만나려고
지난겨울 혹한에도
아지랑이 꿈꾸었구나

노랑 병아리 만나려고
유치원 어린이집 그리워하며
들녘에 노란 꽃을 피웠구나

외롭고 쓸쓸해 추위에 떨며
그리움 키워가며 가슴 데우던
희망을 알리는 유채여

노랗게 싹튼 꿈 펼치려고
지난밤 꽃샘추위에 얼지 않게
남풍이 남몰래 불어왔구나

일거양득 아이디어

먼지만 날아오르던 길가 화단
쌓여가는 쓰레기 해결할 방안으로
천일 간다는 꽃을 심었다.

빈터로 남겨진 공터엔
무관심에 쌓여가는 불량 양심이
선량한 눈과 술래잡기하는데

주민이 환영할 만한 멋진 아이디어
생각 끝에 고안해 낸 것이
꽃과 쓰레기가 공존하지 않는 세상

님도 보고 뽕도 딴다는 그 말뜻
꽃에 양심을 버리지 않는다는 사실
천일을 꽃피우지 않아도 될 듯하다

일년생 초화

봄이면 나는
가슴에 꽃을 심었다
삭막해진 겨울 잔재 위에
내 마음을 심었다

꽃을 심어놓으면
아름답게 꽃이 필터
꽃을 좋아하는 네가
봄바람 타고 올 것이라 믿었다

믿음이 있었기에
나는 조루에 물을 담아
내 마음을 구석구석 뿌렸다

코끝을 스쳐가는 꽃향기
좋아했던 그대 생각하며
땀을 흘렸다

땀방울을 흘리며
가슴 떨린다는 것을 알았고
그대에게 보여주지 못하면

슬픈 삶이 될 것 같았다

한 번 피면
다시 못 필 일년생 초화

나비가 날아오는 것 보니
꽃이 피어 오나 보다
어서 소식을 전하고
봄맞이 준비해야겠다

정

상사화가 고개를 내밉니다

봄을 맞으려고
꽃밭을 정리합니다

기지개를 켜며
겨울을 밀고 나온 그대
함께 정을 모았습니다

꽃이 피고 지는 세월
그대와 영원히 나누렵니다

짝사랑

꽃이 피었습니다
꺾을 수 없어
눈으로만 보는데
날아온 벌 나비
꿀단지 열어가니
그저
구경만 할 수밖에

철없는 비

소한이 대한 집에 가는 길에
비가 내립니다
철없는 비가 내립니다

겨울잠에 든 낙엽 진 나무
계절을 잊고
철없는 유혹에 내어준 가슴

꽃잎은 멍울 져
솟아오른 메마른 가지
떠나버린 봄의 향연

튤립 종구 심으며

단풍잎 떨어지면 튤립 종구 심어야 한다
손끝이 시려오기 전에 깊게 묻어주어야 한다
단풍이 아름답게 피었을 때 심으면
계절 잃은 싹 일찍 올라와 얼고
삭풍에 심으면 하늘 보며 겨울을 나야 한다
인생도 성장하는데 때가 있고
튤립도 꽃을 피우기 위한 때가 있다
저온처리 안된 종구는 꽃을 피우지 못한다
삶이 어려워도 순리를 따라 살아야 한다
그대여 밭에 나가 튤립 종구 심어보라
그대가 심은 튤립 꽃이 예쁘게 핀 모습 보면
이 얼마나 기쁘고 행복한 일인가
꽃이 아름답게 핀 꽃밭을 혼자 걷는다고 생각해 보라
손을 맞잡고 걷는 그림 그대의 님도 바랄 것이다
손잡고 동행하는 것을 포기하지 마라
살아보지도 않고 포기한다는 것은 슬픈 일이다
님은 강을 건너가도 눈을 감지 못할 것이고
창조자의 신의를 저버리는 일이다
사람이 사람으로 태어난 도리를 다하다 보면
봄에 핀 튤립 꽃 보며 행복하게 살아갈 수 있다

포기하지 말고 주어진 현실을 행복하게 만들어라
튤립 종구도 엄동설한 혹한을 견디었기 때문에
꽃을 피우는 것이다

푸른 시절

망울진 꽃이
은은한 달빛을 품었다

꽃이 피어나면서
내 마음이 여명의 빛에 물들어갔다

아침 햇살에 활짝 핀 꽃이
눈부신 태양의 품에 안겼다

꽃잎이 타들어갈 정열에
세상을 헤쳐나갈 청춘 발 내디뎠다

행복 꽃밭

내 마음의 꽃밭에
봄을 심었지요

아내는
삽이며 호미로
꽃을 심었지만

나는
행복을 심었습니다

행복한 꽃은 웃는다

꽃을 좋아한다는 것은
그대 가슴에 꽃이 피어나기 때문이다
꽃이 아름다운 건
그대 마음이 아름답기 때문이다

길가에 야생화조차도
꽃을 피우기 위해 최선을 다한다
길을 걸어가는 생의 길에서
꽃을 피운다는 것은 얼마나 기쁜 일인가

기쁜 삶에는 꽃이 있다
기쁨이 흐르는 곳에 행복이 있다
삶은 스스로 멜로디를 연주해야 한다

행복한 꽃은 그대를 보며 웃는다

활짝 핀 꽃

그대가 꽃밭을 바라보지 않았다면
꽃이 아름다운 걸 몰랐을 것이다
나를 바라보지만 가슴이 흔들리게
그대가 보내준 마음 내 가슴을 적신다
아름답게 핀 꽃이 날리는 향기
성숙한 꽃에 모여드는 벌, 나비
내 가슴은 아름다움 안겨준다
내 마음은 사랑을 안겨준다

그대가 꽃밭을 바라보았다면
꽃이 아름답다는 걸 깨달았을 것이다
나를 바라만 봐도 온몸이 녹아내리게
그대가 보내준 마음 이 가슴에 흐른다
아름답게 핀 꽃이 날리는 향기
성숙한 꽃에 모여드는 벌, 나비
내 가슴은 아름다움 안겨준다
내 마음은 사랑을 안겨준다

제3부

여러해살이 꽃

개불알꽃

내 마음에
슬픔을 주지 말고
기쁨 가득 채워주오

내 가슴에
즐거운 소식 가득 채워주면
난 산타클로스처럼
복주머니에서 기쁨과 행복
세상 사람들에 나눠주렵니다

삶이 그대를 어렵게 한다면
활짝 열어놓은 복주머니에서
그대 행복 담아 가시고
꼭 필요한 이웃이 있거들랑
그대 행복 싹 키워 나눠주세요

국화

세상에서 가장 슬픈 것은
영원한 헤어짐이다.

나는
국화 한 송이 손에 들고
가장 행복한 그분 앞에서
마음속으로 이별을 통보했다

다육이

사람들이 떠나간 일터에는
체온을 느끼며 커가는
예쁜 님이 있습니다

호피 무늬 두르고
내 곁에 서서
사랑을 독차지하지요

자세히 보니
남쪽나라에서 보내온
사절인가 봅니다

달맞이꽃 1

기다림도 세월 가면
물감이 퇴색되듯
그리움에 가슴 열어도
보아주는 이 없네

세월 가면 식어버리는
첫사랑 가슴앓이
오늘 밤
꽃망울 터뜨리면
달빛에 다가오려나

달맞이꽃 2

낮에 피어나도
예쁘게 봐줄 터인데
왜 밤에만 피어났느냐

어두운 밤 새색시처럼
밤에만 활짝 핀 것은
대낮이 부끄러웠더냐

낮에 보아도 꽃이고
밤에 보아도 꽃인 너
달밤을 기다리는 꽃

대국

혼자서 피는 꽃은
혼자라서
세상이 아름답습니다

아름다운 꽃이
온 누리를 뒤덮어도
가슴 아파하는 것은
님도 몰랐습니다

세상을 향해
홀로 피고 지는 것이
주어진 운명이라면
그저
보아주는 이 없어도
나는 오늘 행복합니다

돌단풍

이 세상에 태어난 땅
단단한 바위 틈이었다

하늘이 내려주는 이슬
목마름을 겨우 달랠 뿐
고단백 고칼로리
꿈도 못 꾸었다

금수저 희망이 없고
흙 수저가 부러운 돌 수저

태어날 때 정해진 자리
벗어날 수 없는 현실
단단한 바위 틈 꽉 채우고
만인을 위한 삶 살아가련다

동강할미꽃

백룡동굴 오르는 길에
꽃이 피어 있다

풀도 견디지 못하는
바위 절벽 보라꽃
하늘 향해 피었다

잘 사는 딸 눈총 받고
막내딸 그리워
찾아가다
산중 눈길에 길 잃어
꽃이 되었다는 이야기
전해 내려오는데

동강 가슴을 품고
살아가는 천연기념물
있을 때 잘하란 말
낭떠러지 매달려 있다

민들레

바람 타고 멀리 떠나가는 마음은
홀씨에 낙하산을 매달 수밖에 없는
그런 삶이 주어진 가슴 아픈 현실

민초들은 땅속에 깊은 뿌리내리고
밟아도 밟혀도 질기게 다시 일어서서
꽃 속에 또 꽃을 피우는 생명력

이 풍진 세상 살아가야 할 이곳저곳
진자리 마른자리 가리지 않고 싹 키워
막힌 국운이 트이게 쓴소리 보낸다

분재국

무르익어가는 가을에 꽃이 활짝 피어 있다
꽃을 피우려고 봄부터 화분에 뿌리내린 국화
누구를 기다리나 아름답게 서있다

지나간 몇 달 동안 분재 닮으려고
뻗어가는 줄기 당신의 손길에 맡기고
고달픈 하루하루 비틀리고 꺾이는 고통에 신음하며
멋진 나로 다시 태어난다는 희망이 있었나 보다

제멋에 겨운 모양 갖춘꽃들 사이에서
전시장 가운데 자리하고 어깨에 힘준 꽃
꽃망울 활짝 피우며 들어오는 입구 주시한다

분꽃 1

길가에 심어놓은
달밤을 기다리는 꽃

낮 동안 쉬었다가
어두운 밤 활짝 핀다

수줍어하는 처녀같이
밤에 피어나는 꽃

분꽃 2

여명의 아침에 잠에서 깨어나
화단을 거닐며 발소리 들려주고
꽃들과 새소리 들으며 인사한다

화분에 심어놓은 밤에 피는 꽃
창문에 비친 나의 그림자 바라보며
잠을 설쳤나 축 늘어져 있다

밤사이 잠 못 이루며
님 그리워 달빛 바라보는 애처로움에
너의 몸이 시들어가도록 누구를 그리워했느냐

목말라 타들어 가는 모습 안쓰럽게 바라보며
물 먹지 못한 내 몸은 어떨까 하는 생각에
조로를 채우고 화분에 생명을 불어넣어 주었다

분홍 나비 바늘꽃

북아메리카에서 이민 온 가우라 꽃
운명의 실타래처럼 불려지는
홍접초, 분홍바늘꽃, 나비바늘꽃
철원 한탄강 꽃밭에서 손짓하며 부른다

사랑하는 님은 꽃 속에 묻혀
카메라 렌즈를 통해 세상을 바라보고
빛을 담아내며 순간을 포착합니다

이민 온 꽃을 파종했던 이민자는
흙 묻은 손을 털고 떠나갔지만
디지털 바다를 항해하겠지요

꽃동산에 나비들이 떼 지어 날아들어
온라인 천지 수놓고 있는데
그들에게 배려의 손길이 있을까

복수초 1

양지바른 언덕 눈 속
노란 꽃이 고개를 내밉니다

차가운 바람에
아지랑이 찾고 있었나 봐요

눈 녹는 나뭇잎 헤집고
햇살 받으며 기지개 켭니다

복수초 2

봄 배달 왔다고
바람이 봄소식 전하듯
초인종을 누릅니다

노란 옷 얇게 걸치고
그리움 찾아
꽃 나들이 꿈꾸는가

세상은 여전히
겨울의 품에서
옷깃을 여미는데

살가운 꽃샘바람
때 이른 상춘화에
자숙하라 속삭입니다

상사화 1

봄비가 소리 없이 내리면
그대의 따뜻한 숨결처럼
떨어지는 빗방울 맞으며
다정하게 스미는 그리움

푸른 하늘 숨바꼭질하던 날
뻐꾸기 둥지로 떠나간 잎
가슴에 품은 이야기는
연분홍 꽃잎에 물들어 퍼진다

손잡고 거닐던 꽃길에
행복이 가득했던 기억
이 가슴에 내리는 소나기는
쓸쓸함을 조용히 속삭인다

단풍이 물든 마음속
미래를 그리는 너와 나
다시 시작된 그리움이
인생을 화려하게 채워간다

상사화 2

윤사월 님이 온다 하기에
그리움을 담아 찾아갔지만
님은 오지 않았습니다

사랑을 엮는 호르몬
피어나지 않았던 걸까
푸른 잎만 가득했지요

봄이 가고 다가온 여름
눈이 부시게 핀 아름다운 님
어디에서 사랑을 찾아야 하나

상사화 3

장마당에서 간택돼
울안 정원 돌 틈을 차지했다

땅속에 심겨지는 순간
몸에 피어 날 꽃 그리워하며
내일을 준비하는 마음

세월과 손잡고
부지런히 뻗어간 뿌리로
님과 약속했다

이른 봄 땅가 올라와
가슴을 활짝 열고
푸른 잎 살펴야겠다

상사화 4

그리움이 떠나간 자리
하늘 높이 꽃대 올렸다

기다리고 기다리다
기다림에 지친 허전한 가슴

얼마나 그리웠으면
남몰래 꽃피웠느냐

상사화 5

보고파 그리워
꽃대 올렸습니다

고개 들어 살핀 꽃밭
텅 빈 흙살뿐

기다림에 지친 빈 가슴
언제나 채워줄 수 있을까

수국 1

그대가 꽃 핀 모습 보시려거든
내가 좋아하는 물 가득 담아 주세요

날 맑은 날 갈증이 깊어지면
아름답게 꽃 피울 수 없답니다

태어날 적부터 물을 좋아해
물 없인 살아갈 수 없지요

탐스럽고 예쁜 꽃 보시려거든
가슴 가득 물을 흠뻑 주세요

양귀비 꽃

뻐꾸기 울음소리 따라가는 윤사월
나는 꽃을 피워 세상에 보여주고 싶었다
너의 그늘진 뒷모습을 바라보며
따스하게 손을 잡아주어야 함을 알았다

샛바람에 하늘거리는 삶
나비처럼 우화(羽化)하려는 마음이 솟구친 꽃밭
사랑의 세레나데 부르며
손에 손잡고 함께 피어나고 싶었다

몰아치는 비바람에 흔들려도
쓰러지지 않고 견디어야 한다고
꽃을 피우지 않으면 안 된다고
연리지로 의지하며 허리를 곧추세웠다

정수리에 쏟아지는 햇살을 맞으며
예쁜 모습을 가슴에 담고 싶었다
봄의 끝자락에서 필 수 있다는 믿음
몸부림치며 그것을 세상에 보여주고 싶었다

은방울꽃

순백의 꽃과 맑은 향기 때문에
신부의 품격 올려주는 사랑 받는 꽃

맑은 종소리 울릴 듯한 꽃에
아름다운 향기 속에 숨겨진 독이 있다

구토와 설사 심장마비 일으키는
온몸에 맹독 숨겨놓은 두 얼굴의 꽃

제비꽃

담장 아래 점유한
키 작은 꽃

비바람 불어도
손톱만한 크기로 꽃을 피운다

보면 볼수록 걱정되는
울안 생태계를 점령하는 꽃

튤립 1

물설고 낯 선 이억 만 리 타향
낙엽 지는 가을 허허벌판에
예쁜 꽃을 피우려 뿌리내린다

따스한 손길 연민하는 정
아름다운 여왕의 계절에
스치듯 지나가는 사랑을 위해
북서풍 온몸으로 맞으며
가슴속에 숨겨둔 사랑 이야기

졸음에 겨운 농익은 봄날
당신이 속사임이 그리워
가슴을 활짝 열어 보입니다

# 튤립 2

가을이 떠나갈 무렵
너는 얼지 않은 가슴을 만나야 한다
춘삼월[1] 아름답게 수놓으려면
동짓달 기나긴 밤의 이부자리 속에서
온기를 나눌 수 있게 상달[2]에 만나야 한다
삭풍이 불어오는 동토의 계절
님의 가슴에 안기어 네 가슴도 익어가야 한다
머지않은 곳에서
따스한 봄을 기다리며 키우는 꿈이
화려하게 수놓을 그대 마술을 기다리고 있다
티 없이 맑은 가슴의 꿈과
너의 기다림이 손잡고 거니는 날
축제의 장엔 야단법석이 펼쳐질 것이다

* : [1]. 음력 3월(양력 4월)
　　[2]. 음력 10월(양력 11월)

튤립 3

4월 하순 들녘
아름다운 꽃이
풍차 아래 넓게 피어 있다

건강하게 자란 꽃은
날씨 맑은 날 꽃잎 벌리고
흐린 날이면 피웠던 꽃잎 오므린다

때론 무겁게 빗방울이 내려
여린 꽃잎을 꺾거나
꽃봉오리에 상처를 내놓는다

모여 살아야 예뻐 보이는
커다랗고 아름다운 꽃

사랑하는 이와
추억을 남기고 싶은
예쁘고 아름다운 꽃

하늘나리

하늘에 구름 걷히면
태양빛이 밝게 내리쬐듯
잠긴 그대 마음
살포시 열어 헤친다

꿀 찾아 헤매는 벌처럼
깊은 산 옹달샘 그리며
온종일 쉼 없는 날갯짓
구석구석 열어 헤친다

오늘이 떠나면 오지 않는
이승의 이정표
신은 진리를 알고 남긴
꽃 바퀴 검은 점찍는다

호접난

나비 한 마리가
파란 하늘 날다
내 가슴에 앉는다

활짝 핀
화려한 아름다움에
사랑을 독차지했다

내 마음에 피어난
너의 이름은
팔레높시스

후리지아

노랑꽃이
봄을 품고 찾아갑니다

가벼운 향기 뿌리고
그대에게 다가갔지요

빈손으로 갈 수 없어
한 움큼의 꽃 안겨주었습니다

향기가 깊게 퍼져가거늘
그대는 내 마음 알 수 있을까

제4부

한해살이 꽃과 관상 화목류

나팔꽃

당신이 그립고 보고파서
이른 아침 그대 창가 기어오르며
어둠을 부수고 꽃을 피웁니다

당신을 향한 나의 모습은
번갯불처럼 타오르며
사랑의 불꽃 속에서 깨닫고
미래에 대한 그림을 그렸습니다

기다리는 나의 마음을 뒤로하고
비바람 속으로 떠나 다른 삶을 찾으신다면
의지할 수 없는 이 몸은 갈대라도 갖고
높은 곳에 꽃피우고 당신을 기다리렵니다

혹여 지나시다가 제 모습을 보시거들랑
먼 산 솔바람에 담긴 그리움처럼
활짝 핀 제 모습에 한 번쯤 눈 길 주시면
당신을 내 가슴에 심고 영원히 지키렵니다

메밀꽃

그리운 사람이 있어 좋습니다

그리운 삶이 있어 행복합니다

그사람을 그리는 것은
소금을 뿌려 놓은 듯 한 달 밤 메밀밭
메밀꽃에 취해 서로를 약속했기 때문입니다

세모진 단지에 가루가 한가득 차오르면
사랑하는 님은
먼 도외지 일상을 잠시 접어두고
한달음에 뛰어오신다 했기 때문입니다

그님이 오시면 메밀을 갈아 메밀묵 만들고
부드러운 정 가슴에 흠뻑 담아주며
오시어 감사하다
오시어 행복하다
영원히 사랑하겠노라 말하렵니다

그리운 사람이 있어 좋습니다

그리운 삶이 있어 행복합니다

봉선화

내 몸에 손대지 마세요
그대의 손길에 나는
꽃잎처럼 흩어져 사라질지도 몰라요

내 몸에 손대지 마세요
내 가슴에 봉숭아꽃이 피어나면
그대에게 내 심장의 빛을 줄게요

내 몸에 손대지 마세요.
내 가슴에 사랑이 뿌리내리면
그대에게 활짝 꽃길을 열어줄게요

봉숭아 꽃

어머니 손끝에 물들였던
분홍빛 봉선화

꽃망울이 맺혀
터질 듯 여물어 있다

그리운 손길 기다리는
성숙한 여인의 가슴

손끝만 스쳐도 터져버리는
수줍음 많은 여인네 숨결

유채 꽃

노란 옷 입은 아이들
노란 버스 타고
노란 꽃에 물든 5월
햇살 쫓는 병아리처럼
세상 속으로 손을 맞잡고
종종걸음으로 나아가고
유채꽃 봄바람에 실려
유년의 꿈을 담는다

채송화 1

땅가에 낮게 살아도
하늘이 매일 내게 내려와
손잡고 노닐어 주면

사랑하는 님은
그리움에 밤을 지새우며
하늘나라 별 하나씩
가슴속에 깊이 심어 주고

이른 아침
이슬 먹은 작은 별
꿈결에서 깨어나
지난밤 이야기 되뇐다

채송화 2

봄꽃이 저물어가는 한여름
화단의 가장자리
작은 몸을 곧추세우고 서 있다

뜨겁게 내리쬐는 햇볕 아래
돌부리 그늘에 몸을 숨기고
천천히 고개 들어
나를 바라보는 메마른 얼굴

길가에 버려져
잡초 속에 묻힌 작은 별
여린 몸으로 힘겹게 살았을 삶
비닐에 쌓여 내 품에 안겼다

홀로 길가에서 지냈던 날들
구름이 몰고 온 비바람 속에
상처와 흔적이 남아
숨결조차 편히 쉬지 못했으리라

가슴에 맺은 인연
울안 둥지에 뿌리내리게 해주고

사랑으로 감싸주니
가냘픈 꽃이 피어나는 지금

들녘 길가에서
가슴 깊이 숨겨둔 꿈을 꾸며
포기하지 않고 살아가면
언젠가는 그 꿈이 이루어진다

해바라기

눈이 부시어 바라볼 수 없는 하늘엔
가슴에 사무치는 정든 님이
구름 뒤로 얼굴을 감춘 수확의 계절
연못에 떠오른 님 모습 바라보고는
잊지 않으려 닮아가는 얼굴 그려놓으면
내 사랑하는 님 하늘에서 빛으로 내려와
둥근 볼에 얼굴 붉히며 입맞춤하고
약속도 없이 설렌 가슴 불 지피고 떠나
그 님이 불 밝히며 돌아올까 그리움에
오늘 밤 뜬눈으로 별밤지기가 되렵니다

개나리

언덕을 부여잡은 꽃나무가
쏙쏙 데려온 봄
옷자락을 노랗게 물들이고 있다

가녀린 가지마다
꿈틀이며 삐쭉 꽃 내밀고
기지개 활짝 펴는 3월

님과 손 꼭 잡고
굳은 관절 풀리게
봄나들이 함께 하고 싶다

나라 꽃 무궁화

꽃이 피었습니다
무궁화 꽃이 피었습니다

그대를 만나려고 꽃밭을 걸었건만
아름다운 꽃이 나를 맞이하고
내 가슴에 나라꽃 심어주었습니다

그대 안에서 자라난 사랑의 싹
무궁화처럼 피어나는 나의 마음
그 꽃은 내 가슴 깊이 피겠지요

넝쿨 장미 1

한 떨기 꽃이 님의 속내라면
그대 가슴에 아니 갇힐 수 없겠지요

마음을 열어준다는 것은
님이 베풀지 않으면 다가갈 수 없는 배려

따스하게 익어가는 사랑의 빛
그대 가슴을 환하게 비추어 드리다

정감 가는 인생사 엮지 않을 수 없어
서로의 숨결 아니 나눌 수 없었습니다

넝쿨장미 2

자세히 보면
나를 당기는 꽃

님과 손잡게
내 가슴을 감싸 준 꽃

빈 가슴 부여잡고
님이 오길 기다리다

사무치고 그리워
텅 빈 가슴을 채웠나

넝쿨 장미 3

담장 너머 바라보면
보고 싶은 인연이 많아
가지마다 피운 꽃

오가는 사람들이
속삭이는 그리움처럼
독백을 하듯 던지는 말

귓바퀴 돌아 들려온
기쁜 마음을 가슴에 담고
담장 위에 앉아 기다리는 꽃

지나간 그리움
다시 돌아올까
꽃대를 높이 올립니다

동백꽃

그대 가슴이 붉게 타오르면
봄이 오는 길목에 피어나는 꽃

그리운 남쪽나라 동백 섬
전해오는 봄소식 엿들었나
가슴이 붉게 물들어간다

봄이 무르익어 가면
사랑하는 님과 손을 맞잡고
동백꽃을 가슴속에 담아보련다

아름다운 꽃이여
그 고운 모습 내 가슴에 새기어
영원히 그 아름다움 간직하리라

동백꽃 화분

붉은 동백꽃
아파트 베란다에
때 이른 봄 불러옵니다

파란 하늘 밝은 햇살에
가슴 애태우는
바람난 꽃나무

붉은 꽃잎에 그늘이 드리우면
사라질까 두려운 마음에
두 눈 꼭 감았습니다

라일락

2층 방 창문 앞에
고개 내민 꽃송이
무엇을 찾고 싶어
날 찾아왔을까

불 밝힌 책상 위에
적어놓은 그리움
가슴에 향기 담고
찾아주길 기다렸나

살랑이는 봄바람에
스며드는 라일락 향
창문 열고 맞이하니
님 생각 절로 난다

매화 1

봄바람 타고 매화향이
내 가슴에 스며듭니다

지난겨울
눈 꽃송이 시샘하는지
가슴에 향기를 품었군요

그 님은 엄동설한에
그리움이 얼지나 않았을까
봄바람에 실어 보내고 싶다

매화 2

입춘지절
가슴이 봉긋 올라온 매화
꽃을 피웠습니다

양지바른 배란다 눌러앉아
때 이른 매혹적인 모습 보니
겨우내 그리워했나 봐요

우수가 지나
경칩에 꽃 시들 때
님 소식 오려나

매화 3

겨울이 깨어나
여행 떠나면
봄은 오지만

기다리는 마음
하늘만 하니
꽃부터 피울 수밖에

모란

연보랏빛 가슴에 바람이 불면
하늘하늘 손짓하는 꽃

봄을 노래하던 꽃은 피었다가 지고
저 멀리 들려오는 뻐꾸기 울음소리

사랑하는 님은 오지 않았는데
손잡을 이 없는 길 떠나려 하나

그리워서 꿈결에 그대 오려나
땅강아지 노래 흐르는 울안 화단

밤하늘 별들이 오늘 밤 내려와
꽃밭을 수놓으면 좋겠다

목련꽃

달 빛 설은 이른 봄밤
창으로 스며드는 꽃

긴긴 겨울밤
불 꺼진 침실 귀 기울이며
님의 속삭임 그리웠는가

푸르른 봄날이 오기 전에
터트리는 꽃망울
내 누이의 새하얀 가슴

무화과

꽃을 찾으려 해도 꽃은 보이지 않는다
눈에 보이지 않아도 그 꽃은 여전히 피어 있다

삶을 살아가며 속을 보이지 않는 사람도 있다
무화과가 가슴에 품은 꽃을 피우며 익어가지만
마음을 묻은 사람은 기쁨을 가슴에 묻어두기만 한다

행복은 마음이 마음을 주는 데 있다
한 톨의 마음을 나누어보라
그 마음은 풍선이 되어 커다란 마음을 보내오리라

받은 사람도 그 마음을 담아
보내는 마음과 서로를 데우면 사랑이 싹터 타오르리라

벚꽃

비 소식이 없는 맑은 오후
건조한 내 가슴에 비가 내린다

꽃무리 가득한 벚나무 길
사랑하는 님과 비를 맞으며
쌓아가는 인생 이야기

비가 내린 허전한 가슴에
초록빛 새 삶 가득 채워주고
떠나보낸 빈자리 새로움을 잉태한다

설중매

봄바람에 매화나무
텅 빈 가슴 부풀어 오르니

시샘 난 꽃샘추위
눈꽃 송이 하얗게 뿌립니다

그리움에 서둘러
님 찾아왔건만
온 세상 목화솜처럼 덮여있네요

내 가슴에
눈부신 햇살 떠오르면
매화 향으로 세상 채워야겠다

수국 2

비 내리는 12월
풀벌레 울음소리 들려주던
꽃밭에 비가 추적추적 내린다

꽃밭을 빛내던 꽃은
바싹 마른 씨앗 주머니 별 달고
빗방울에 몸을 움찔 거리고 있다

거센 비바람 이겨내며
꽃밭을 지켜온 나무로 변한 꽃
물 마시는 소리 들리는 듯하다

물을 좋아해서 수국이라 했던가
비에 홀딱 젖은 가지 꽃눈
계절 잊고 몽우리 부풀리고 있다

자목련 1

목련나무 가지에
백조 한 마리 날아들었습니다

사람들의 입술에서
들려오는 찬란한 소리
아름다움에 감탄하네요

그 모습 자세히 들여다보려
한 발 더 가까이 다가가니
온 가슴 붉게 물들입니다

자목련 2

봄이 피었습니다
자목련 가슴에도
봄바람이 불었습니다

지난겨울
옷깃을 여미던 가슴
그리움에 붉게 물들였지요

남몰래
부풀어 올린
사랑의 세레나데

아지랑이 불어오면
님을 찾아 불러봅니다

장미꽃

당신을 사랑하기에
열 송이 꽃을 드리렵니다

한 송이 꽃은
당신에게 한걸음 더 다가서려는 마음의 증거

두 송이 꽃은
고요한 속삭임처럼 당신의 마음을 열어보려는 시도

세 송이 꽃은
당신과 얼굴에 숨겨진 진심을 찾아내려는 소망

네 송이 꽃은
당신과 눈 속에 내 마음을 비추려는 작은 빛

다섯 송이 꽃은
당신과 손끝을 맞대어 마음의 온도를 나누려는 제스처

여섯 송이 꽃은
당신과 손잡고 걷기 위함이요

일곱 송이 꽃은
당신의 귀에 속삭이며 달콤한 꿈을 들려주려는 마음

여덟 송이 꽃은
당신과 입술이 닿는 순간 영원을 약속하는 맹세 새기려는 간절함

아홉 송이 꽃은
당신과 하나로 묶을 약속을 담고자 하는 사랑의 서약

열 번째 꽃은
평생을 변치 않는 사랑으로 당신과 함께 걸어갈 길을 약속하는 꽃

조팝나무

들판을 뒤덮은 풀처럼
살아가는 이 세상
당신은 제 모습 보시었나요

볼품없이 자란 제 모습에
그저 지나쳐가며
예쁜 꽃 찾아 외면했지요

그 심정 느껴보는 참담함이란
내면의 결점 외면으로 감추려
칼끝에 스며들며 변해가려 했으나
『신체발부는 수지 부모라』
있는 모습대로 꽃을 피웠습니다

꽃을 피워 보니 성숙한 내 모습
순백의 마음 담은 아기자기한 꽃
구석구석 틈새마다 꾸며줍니다

진달래 꽃 필 때면

봄바람에 꽃망울 터지면
내 사랑하는 님 온다 했지요

별을 헤아리며 빈 가슴 열었던
단풍이 불타듯 물들던 지난가을
그리움에 젖어 기다렸지요

온 세상 하얗게 덮은 겨울 속에
마음도 얼어버렸나 소식 없다

꽃이 피어나고 파란 싹이 돋우면
아지랑이 니울 속으로
내 가슴에 사랑의 물결이 일어나리라

춘매화

꽃샘추위가
봄을 시샘하며
눈을 뿌렸습니다

다정한 연인과
봄을 맞이하는 길에 만난
봄의 매화

붉게 물든 춘설
화폭에 그림 그리고
내 사랑은 빛 속에
추억을 담았다

함께 담은 순간들
정리하는 앨범 속에
우리의 사랑이 영원하길
마음을 끼워 넣는다

해당화

바람에 씻긴 모래톱에 뿌리내리고
님 기다리며 붉어진 가슴
꽃이 되어 그리운 삶과 동행하고
백사장 발자국마다 다져온 사랑
파뿌리 약속 지키리라는 믿음에 살았다

꽃을 붉게 피워놓으면
차가운 가슴에 불꽃이 피어
사랑이 단단하게 굳어 가리라 믿었거늘
네 가슴에 광풍이 불어와
가시처럼 예리한 마음만 피어났나 보다

지난날 그대를 생각하며
김칫국부터 마신 사랑이었나
골마지 낀 듯한 이 현실
내 가슴의 그리움마저
저 바다 건너려 하고 있구나

붉은 꽃이 남긴
초록 열매가 붉게 물들 때
바닷가에 서서

아직도 늦지 않았다고 위안 삼으며
단풍이 물들기 전에 내 사랑 찾고 싶다

히비스커스

알라딘 투명 램프에
꽃 차를 끓입니다

다도를 섭렵했는데
궁금해지는군요

찻잔을 음미하며
미각을 동원해도
그 맛 가늠할 수 없어요

어쩔 수 없어
투명 램프 안 자세히 보니
너는 나라꽃 사촌
히비스커스

거저 피는 꽃은 없다

진영학 시집

초판 1쇄 인쇄일 2024년 12월 3일
초판 1쇄 발행일 2024년 12월 10일

지 은 이 | 진영학
펴 낸 이 | 진영학
기획·편집 | 진혜지

펴 낸 곳 | 초승달 글방
출판등록 | 제391-2024-000007
주   소 | 경기도 평택시 점촌로 9번길 18(서정동)
대표전화 | 010-3895-9510
이 메 일 | jinpaesong@naver.com

ISBN | 979-11-988832-8-5

* 저작권법에 의해 보호받는 저작물이므로 저자와 출판사의 동의 없이 내용의 일부를 인용하거나 발췌하는 것을 금합니다
* 파손된 책은 구입처에서 교환해드립니다